만 번의 그리움 속 터지는 봄

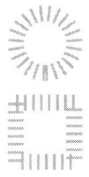

우리詩 시인선 084

만 번의 그리움
속 터지는 봄

위인환 시집

우리詩 움

시인의 말

중용에 나오는 글귀 하나
"人一能之 己百之 人十能之 己千之"
사람이 한 번에 이루는 일을
난 백 번 할 것이고
사람이 열 번에 이루는 일을
나는 천 번 할 것이다.

2025. 7.
위인환

| 차례 |

■ 시인의 말 •5

제1부 이팝나무

이팝나무 •13
홍매화 •14
큰개불알풀 •15
벚나무 •16
벚꽃 •17
소나무 •18
매화 •19
수국 •20
나비 •21
자작나무 •22
만첩홍도 •23
우수 •24
환절기 •25
수양버들 •26
낙화 •27
봄비 •28
봄의 몰락 •29
이팝꽃 피면 •30

제2부 장마

불씨 •33
찍히다 •34
주전자 •35
빨랫줄 •36
허수아비, 나락으로 떨어지다 •37
달팽이 집 •38
우산 •39
호른 •40
모기 •41
종이 박스 •42
땀띠 •43
장미의 계절 •44
초하初夏 •45
장마 •46
난파선 •47
흑장미 •48
착각 •49

제3부 티끌

가시 •53
구름 •54
돼지 저금통 •56
티끌 •57
풍경소리 •58
상강 •59
귀뚜라미 •60
도다리 •61
치석 •62
억새 •63
낙엽 •64
서리 •65
곶감 •66
알밤 •67
자벌레 •68
감 •69
의자 •70

제4부 친구의 지갑

눈 •73
코로나 •74
알레르기 •75
고삐 •76
인절미 •77
거미손 •78
회전문 •79
친구의 지갑 •80
요강 •81
칡넝쿨 •82
시골 버스 •83
돌팔매 •84
바지랑대 •85
어머니 •86
일벌 •87
버려진 침대 •88
암묵 •89
용접 •90
눈사람 •91

■ 에필로그 •92

제1부 이팝나무

이팝나무

가난해서 심은 이팝나무에
꽃 뜸이 파도처럼 인다
천직이 된 막노동
귀천 없는 밥이 부끄럽지 않아
봄밤도 환해졌다
용접기에 예열된 봄이
술밥처럼 익기까지
천둥 벼락 맞길 수십 번,
찌그러진 계절을 덧대고 지지는 동안
손마디는 철근처럼 야물어 갔다
반주처럼 내리는 비에
이밥 단내 풍길 때
나무에 돋은 삶의 조감도
층층이 쌓여 간다.

홍매화

바람의 염불

산부처가
연줄을 끊는 일

목탁의 번뇌

붉은 법의를 입은

면벽 수행 비구니

도지는 화병花病.

큰개불알풀*

후회 없이 살라는 말이
각얼음처럼 씹혔다
납작 엎드려 살아온 날
서리꽃 같은 가슴에 멍이 든다
싸락눈이 내디딘 땅이
평지라는 걸 알았을 때
굴러서라도 갈 수 있는 힘
새봄을 기다리며
눈의 폭거를 이겨 낸
광화문 키세스.

* 두해살이 풀로 봄까치꽃이라고도 하는 귀화식물

벗나무

봄을 연모하여 그리다가
백발이 된 노신사

옅은 바람에도
한 움큼씩 빠지는
머리카락

어떤 가발을 쓸까

싱그러운 연둣빛 머릿결.

벚꽃

헛된 공약이 난무하다
벚나무 내걸린 약속
집이 없어 걱정입니까
직장이 없어 걱정입니까
나를 믿으십시오
칠십 년째 되새김하고 있다
확성기에 터지는 봄
봄눈처럼 사라진,
향기도 그때뿐
꽃 진 자리 오점만 남았다.

소나무

바람이 지나는 들녘
세파를 삼킨 서러움, 구 척이다
기죽지 말자
있으면 있는 대로
없으면 없는 대로
억척같이 마련한 논 서너 마지기
일필휘지 보증 서명에 날아갔다
재선충 같은 독촉장이 시도 때도 없어
황사같이 매운 이름
아버지는 향수鄕愁가 아니었으니
원망을 소나무 껍질에 새긴 내가
아버지를 닮은 건가?
소나무에 등을 대고 하늘을 보는데
뜨뜨하게 전해지는 아버지 체온.

매화

조각난 시간을 이어 붙여
개화의 장인이 되는 길
냉해에 떨어지고
고배의 잔 삼세번
그래도 오고 마는
봄.

수국

감춘다고 감춰지는 게 아니다
바랭이 같은 의혹들

화려한 겉모습은
눈총을 피하는 방식

밑창 터진 구두에 물이 스민다
질펀하게 드러나는 흔적

무성화처럼 사라진 기억
바람의 분노가 뜨겁다

바람은 안다
깨알 같은 진실을.

나비

잠견*의 벽을 깬
신새벽은 신선하다
인력시장 앞
집시 기질의 사람들
꽃을 가리지 않는다
차가운 야생, 적멸의 시간
꽃가루는 채워지지 않았고
봄은 큰 걸음으로 지나갔다
날품에 길들여진 사람들
밥그릇을 흥정하고 있다.

* 누에가 실을 토하여 제 몸을 싸서 만든 집

자작나무

하늘만 보고 살았습니다
몸 부서지고 뼈 드러나도,
강풍에 추락한 별
심장을 후벼 팠습니다
도금된 장식품 같은 위선
한 겹씩 벗을 때마다
부처를 닮아 가고 있습니다
일방통행에
되돌이표는 없습니다
다 버리고 가볍게 살라는
경전 같은 말
자작자작 씹히고 있습니다.

만첩홍도

움이 튼다
어미를 기다리다
사슴 목이 된 가슴에도

그리움이
사무칠 때마다
읊조렸던 사모곡

마룻바닥에 턱 떨어져
진홍빛 열병 들면
봇물 같은 눈물

만 번의 그리움
속 터지는
봄.

우수

빙벽 같은 아집
녹아내리는 시심
우르르
쿵
쾅
설산 무너지는 소리
황소 눈에 발동하는
졸시
한 구절,
등껍질 같은 선입견을 벗자
내게로 온 봄.

환절기

계절이 자리바꿈하면
기온은 허언을 한다
서릿발 같은 거짓말에
숭고함은 냉해를 입는다
진실을 호도하는 먹장,
허풍이 세력을 키우면
폭탄처럼 터지는 심장
화花가 치민다
끓는 죽 같은 변덕에
낯 뜨거워지는 간절기
복장 터진 나는,
촛불을 들고 광장으로 간다.

수양버들

지난밤
창포물에 감은
고운 머릿결
가지런히 빗질하여
늘어뜨리고
연초록 염색 중이다
짙은 초록으로
곱게 물들면
어떤 향기가 날까
개울 물에 비친
딸의 맵시
곱다.

낙화

화려했던 적 있다
짝다리 짚을 때도 있었다

머리카락 세우고 나가면
따가운 눈총에 어깨에 쥐가 났다

티 나게 살고자 했던 이상異常
참았던 눈물에
속절없이 무너지고 말았다

해방된 야생에
차곡차곡 쌓여 가는 슬픔.

봄비

치부를 감추기 위해
또 다른 핑계를 댄다
만취된 하루가 띄엄띄엄
봄은 왔으나 봄이 아니다
노지에서 탈의한 죄
자양분을 훔친 죄를 씻어 내는
거룩한 의식
밤새 성수를 뿌려 세례를 하고 있다
각질 같은 죄가 사해지는 봄
용서 받은 땅에서
새로운 삶
움트고 있다.

봄의 몰락

타락한 봄은 구실이 많다
이랬다 저랬다
거짓으로 방탄막을 치면
추측은 회오리가 된다
새순 같은 의혹들
들춰낼수록 짙어만 간다
꽃샘추위에 잠시 움츠리다
절정을 맞는 봄
민초들 아우성에
끝내 나락으로
홍역 걸린 봄
환장이다.

이팝꽃 피면

밥 한번 먹자는 말이
뙤약볕에 익는다
쌀뜨물처럼 흘러간 보릿고개
배고파 배운 용접이
인화성 강한 꽃으로 폈다
별빛 사라져 누룽지 같은
야생野生의 밤
밥 먹자는 말이
짐승 소리로 들릴 때
부랑의 도래지는 늪처럼 깊다
어머니와 겸상한 고봉 밥그릇
봄밤 이랑이랑 흘러
이팝꽃 진 별자리
용접 불꽃 환하다.

제2부 장마

불씨

용접을 하면서 풍장 치른 불씨를
찰나꽃이라 명명하겠어요
도화선은 꼬리별
북두칠성처럼 길 밝히지 않았어도
시리우스처럼 화려하지 않아도
가장 아름다운 유성으로 살다 간
아버지
투둑
동백꽃으로 졌어요.

찍히다

사진을 찍을 때 앞줄로 나왔어야 했다
진열장 명품처럼 잘 보이기 위해,

시체 같은 손에 뭐라도 쥐여 주지 않으면
거머리가 되는 작업반장
곶감 빼먹듯 빼 먹힌 공사비에
내 영靈도 하나씩 지워졌다

차용증처럼 기억된다는 말
반장과의 거리는 몇 억 광년

사진을 찍을 때마다 뒤에서 서성대는 나는,
가장 어두운 별이다

반장의 도끼 눈

찰칵!

주전자

용접 중에 생의 이음새가 터졌다
섭씨 천 도
욕이 뜨거운데
어제도 그랬고
오늘도 그랬고
내일도 어쩌면 그럴 것 같은 뇌관에
주전자 뚜껑 같은 열기가 덜썩댄다
은행나무에서 은행잎 떨어지고
은행알을 밟은 나는
동지 밤 소실점에 빠져든다
길 없는 길을 다니느라 다 헤진 작업화
알라딘 주전자에 막걸리를 담아 마시면
생각처럼 일이 잘 풀릴까?
반딧불이 같은 별빛에 밥줄도 까무락,
가을 깊어 소슬해진 내가
냄새나는 은행알을 으깰 때
심란한 욕설이 용접봉에 튄다
대폿집 주전자같이 담기는
별들.

빨랫줄

먼지만 앉아도 끊어질 것 같았다
빚보증으로 가산을 탕진하고 주저앉았을 때
길가 벚꽃은 익을 대로 익어 구름처럼 떠다녔다
단칼에 거절하지 못하고
도장을 찍어 준 내 손은 괴물
바람에 생이 흔들릴 때
술병은 무덤가 비석 같았다
암전의 시간,
폐허가 돼 버린 내 육신에 민들레가 피면서
내성 깊은 봄은 가고 별도 허물기 시작했다
그 많던 민들레 씨는 어디로 갔을까
헹굼이 끝난 빨래처럼 통장 잔고도 홀가분
바지랑대는 건달처럼 건들거린다
황사에 탈색된 허탈한 마음
보푸라기 인 빨랫줄에 붉은 잠자리
젖은 날개를 말리고 있다.

허수아비, 나락으로 떨어지다

맞는다는 것은 젖어 드는 것이다
허수아비 삼베옷이 데친 배춧잎 같아서
흐느적거렸다
여인네와 눈 맞는 것과
매조에 눈 맞아 집칸을 날려 버린 것
둘 다,
눈매 처지는 일이다
싸움소 같은 아버지는 투전꾼,
태풍으로 드러누운 나락을 보면서
아버지가 생각나는 건 왜일까?
끼니 거른 허수아비 나락으로,
불운은 거미줄처럼 허술한 방향으로 기운다
그냥 땅이나 일구며 살지
달 아래 매화는 뭐하러 잡는다고,
벌떡 일어서지 못한 나락은
흑싸리 쭉정이가 됐다
봄은 암코양이같이 몇 번을 들락댔는데
꽃이 피는 건지, 지는 건지
태풍 맞은 나락,
눈시울 젖어 허물어지고 있다.

달팽이 집

이름표가
무거워서 달팽이다
누가 집을 짊어지고 가는가
18평
25평
33평
평수만큼 늘어나는 부채
중력을 날품으로 견뎠으니
가는 길이 더딜 수밖에,
더 크게
더 넓게
더듬더듬 가다 보면
발길에 밟히기도 하고,
모래밭 지나 척박한 땅
집 한 칸 갖기 위해
아버지란 이름으로 주저앉은 달팽이
남향으로 촉수를 세우고
볕을 타전하고 있다.

우산

절굿공이 같은 먹구름이
도장의 무게로 내려앉았다
찍을 때 느끼는 인장의 압력
저기압은 폭우를 부른다
홍수 같은 복리에 주저앉은 서까래
부서진 우산 같다
햇살이 좋아 볕을 쬐고 다녔으니
비 따윈 걱정 없었다
뇌전처럼 몰아치는 채권자
고압적인 그들 앞에서 나는
머리를 숙이는 수밖에,
우기를 벗어나기까지
개미자리처럼 기었다.

호른

어둠이 해를 잠식하는 오후
골목길이 요란하다
중후하게 울려 퍼지는 목소리
둘 더하기 하나는
이문을 남기는 공식
덤으로 밑밥을 깔고 있다
나선형 길을 따라 돌다
하루를 떨이하고 나면
취구에서 풍기는 단내
별이 꼬마등처럼 켜지는 저녁
하루를 갈무리하고 있다.

모기

고혈을 빤다
고사목이 될 때까지
액수를 가리지 않는다
중독성 강한 맛
돈이라면 환장하는 식탐
포만감에 숨이 가빠도
더 많이,
문지방 넘나들던 변화가
뒷거래 흥정하는 소리
이명처럼 요란하다.

종이 박스

기역자로 각 잡힌 늙은이
지하철역에 누워 있다
저승 다녀온 모습,
반듯하게 폼 잡을 땐
하늘님 발아래
탄력 떨어지니
고려장 당한 노인 같다
깔고 덮고
센드위치 같은 잠자리
내일 아침
첫차 지나가는 소리
들을 수 있기를.

땀띠

향기 나는 꽃이 아니다
더워서 피는 꽃이다

삶이 버거울 때
땀을 먹고 자란 꽃

햇볕은 독약이라서
망초 같은 꽃이 핀다

가려움증은 개화의 산통
긁으면 더 선명해지는

귀뚜라미 독백에
서서히 지는 꽃.

장미의 계절

붉게 물들고 있다
환생의 봄
오월의 색깔이다

먹구름이
억압의 실체라면
송곳 같은 비는 진압군의 횡포

함성 소리 사라진
오월은 붉은데
울타리 넘은 꽃은 풀이 죽는다

목마름에 떨어진 꽃잎들
죽어서도 살아야 하는 혁명.

초하 初夏

변덕쟁이다

여인네 속마음 같은

옷을 벗었다 입었다

이마에 맺힌 이슬은

기력이 허하다는 증표

털 벗은 암탉 같은 금계국

지천에 아우성이다.

장마

멈춘 줄 알았더니 또 시작이다
했던 말 또 하고 했던 말 또 하고
용접봉에 목숨을 걸었다는 그 말은
로드킬 당한 고양이 울음 같다
난간대에서 추락하던 그날
먹구름이 몰려왔다
가난이 썩은 동아줄 같아서
참으로 먹은 국수가 근기가 없었을 터
들고 있는 술잔이 수전증처럼 흔들렸다
눈물을 멈추기 위해 올린 기청제
먹구름이 사라지기를 기다린다
젖은 구름이 흩어지고
술래처럼 드러나는 파란 하늘에
붉은 해가 떠오르고 있다.

난파선

역린을 꿈꾸는 자들
평온을 뒤집은 자충수
치고 박고
밀고 당기고
휘몰아치는 역풍에
산산히 부서진 여망
농무처럼 사라진
이름.

흑장미

길 끝에 서서
너를 생각한다

살아온 날이
허무하다고 느껴질 때

점멸등 같은 갈등

바람의 조언
돌아가라는 말
길 끝에 돌아서니
어머니 품속 같은

그리움 한 줌.

착각

덥다가 춥다가
정신 차릴 수 없다

반팔, 긴팔
벗었다 입었다

꽃은 아무 때나 피고 지고
봄과 여름은 구분이 없다

뜸부기 짝을 찾는 유월
때아닌 코스모스 피어 있다.

제3부 티끌

가시

말꼬리에 찔려 본 적 있다

대꾸할 수 없어
바라만 봤다

변명은 화花만 키운다

최고장 같은 경고에
붉어지는 낯빛

가시의 비호
붉은 입술 벙글거리고 있다.

구름

아이 코골이가

뭉게구름 같다

풍선껌처럼 커지는 옹알이

아이는 무슨 꿈을 꾸고 있을까

솜사탕 녹아내리는 한낮

폭죽처럼 터지는 계란 장수 목소리에

아이 귀가 쫑긋,

고사리 주먹에 잡힌 소음이

털 깎인 양처럼 순해진다

바람 따라 흘러가려무나

물컹한 볼살에 잡힌 보조개

술래잡기 고무줄놀이

말뚝박기 마빡이 말타기

공갈 구름 젖니에 물고

두둥실 잘도 잔다.

돼지 저금통

내 안에 유럽이 통째로 들어왔다
한 냥 한 길
두 냥 두 길
먹은 만큼만 길을 만든다
바쁠 것 없는 너는
속 타는 내 마음을 아는지
땡그랑 땡그랑 인사를 한다
나는
멀었다 멀었어로 듣는다
지도책을 꺼내 놓고
닦은 길을 재어 본다
한 자를 겨우 넘어섰다
갈 길은 먼데
돼지는 하세월이다.

티끌

작다고 깔보지 마라
바위도 깨뜨릴 수 있다
약할 땐 바람을 타지만
눈에 들어오면 해일이 인다
못이 되기도 하고
태산이 되기도 한다
눈에 넣어도 아프지 않다고
어머니가 그랬다
가슴에 못으로 박혀도
아프다 내색하지 않았다.

풍경소리

바람의 언어
마하반야바라밀다
동자승
글 읽는 소리
잔잔하게
펼치는 부처의 설법,
번뇌를 털어 내는
해 맑은 소리
주지승 눈 뜬
산사의 아침.

상강

철 좀 들어라

한마디 말이 나를 얼어붙게 한다
사십 년 철들며 살았는데
아직이라니

내 귀는 팔랑귀
작은 유혹에도 갈잎처럼 흔들렸다
꽃길은 다가선 만큼 멀어지고

찬바람이 분다
뒷굽 터진 구두처럼 버려진 약속
겨울이 오고 있음을 예보한다

술이 주식이 되어 버린 나를
상고대처럼 붙게 한 한마디

철 좀 들어라.

귀뚜라미

석순같이 가난한 덧살을 갈아 내면
별은 독촉장처럼 떨어진다
먹물처럼 번져가는 빚
별처럼 반짝이는 불면의 밤
도둑고양이 눈처럼 번득인
용접 파편 같은 대출금이 눈병이 됐다
알람은 범종처럼 울었고 나는
서리 맞은 풍경처럼 떨었던
늦가을 알밤 떨어질 때 귀뚜라미 울어
화롯불에 익어 가는 가을밤
타닥대고 있다.

도다리

거친 세상
똑바로 볼 수 없어
눈을 돌렸다

금이빨 억압에
심해에 몸을 숨긴 채
끊어 버린 인연

밤길
하늘은 본다는 건
복권 당첨보다 어려운 일

번뇌를 털고
해탈하는 날
왼쪽으로 돌아선.

치석

거짓말이 쌓여 돌이 되었다
외풍처럼 스며드는 말
석순처럼 단단해졌다
미백하고
교정해도
뼈의 격은 무너지고 있다
가식을 씻어 내리는 세례식
문지르고 닦아 내도
도깨비풀처럼 떨어지지 않는다
하얗게 정화될 교화의 길
나는
하루 세 번 고해성사를 한다
그럴수록 덧입혀지는
거짓 고백.

억새

혼자서는 살아갈 수 없어
무리를 짓습니다
여럿이 모이면
태풍도 이겨 낼 수 있습니다
수천이 수만이 되고
수만이 수백만이 되어
어둠을 밝힙니다
흔들리는 건
약해서가 아닙니다
세상으로 나아가기 위한
큰 몸짓입니다.

낙엽

공원 벤치 졸고 있는 둥지족*
감원 바람이 부는 날
젖은 눈 붉어지고 있다
틀에서 나온 벽돌 같은 하루
땀방울이 성벽처럼 쌓여 갈 때
비산을 멈춘 불꽃은 생기를 잃는다
칼바람에도 살아남은 내가
옅은 바람에 흔들리는 건
늙어 간다는 증거
슬픔이 붉게 차오를 때
골목 어귀 서성이는 노을.

* 직장 이동을 기피하고 한 직장에서 평생 동안 근무하는 사람.
  또는 그런 무리.

서리

처음 이력서를 내고
면접 보던 날

작업복 입고
용접봉을 녹이며
불똥 맞던 날

해고장을 받고
출입문 나서며
푸른 하늘 보던 날

흐르는 눈물로
족적을 지운
로맨스 그레이.*

* 머리가 희끗희끗한, 매력 있는 중년 신사

곶감

초가집 처마 밑에
주렁주렁 매달린 풍등
무던히 더웠던
여름을 견디느라
뚝뚝 진물이 흐르고 있다
거추장스러운 옷을 벗고
처마 밑 그늘에서
젖은 몸을 말리고 있는
저 년年.

알밤

속이 여문 작은 부처
번뇌가 엽전 같다
묵언,
면벽 수행
윤회의 길을 걸어
일주문 열어젖힌
해탈한 노승
떼구르르.

자벌레

압축된 몸이 죄가 되었던 그날
통한의 가슴에 무엇이 서려 있나
펴지 못하는 서러움
아들아, 딸아
이 손 꼭 잡아 주렴.

감

젊었을 때 어머니 얼굴 같다
서리 낀 감
초가 될 때까지 드나들던 이랑과 부엌
홍시의 꿈은
반시로 떨어졌다
감나무 까치집 사이로
듬성듬성 보이는 감꼭지
스러지는 해,
서산 넘어가고 있다.

의자

밟히고 짓눌러도
경전처럼 살았다
삐그덕거리다
끝내
밑불이 되어 버린.

# 제4부 친구의 지갑

눈

세 치 혀다
함부로 휘두르면
얼음이 되기도 하고
눈물이 되기도 한다
밤새 쏟아 낸 잔소리에
온 세상이 먹먹하다
귀 막고 입 닫고
밤새 뒤척이던 번뇌까지
어른들 능청 떠는 소리
아이들 떠드는 소리
하얗다.

코로나

사는 것이 죄라면 죄다
들불처럼 몰아치는 묵언
수인 번호 19
부여받은 번호는 환각제
다른 사람들이 원조로 보였다
이마에 들이대는 온도계는
간수의 수칙
지켜야 할 수행법을 복창한다
묵언
간격 유지
인연만으로 죄가 되는 세상
독방에 갇혀 풀 죽은 나는
가석방 순번을 기다리고 있다.

알레르기

사랑 고백했다가
거절당하자 눈병이 났다
멈추지 않는 눈물
앙탈을 부린다
소리를 지른다

화가
머리끝까지 치밀어 오른다

열꽃이 지고 나서
사랑이 뭐라고

침을 뱉고 말았다.

고삐

보릿고개 넘던 시절
어머니 무명 허리띠
뱃가죽이 등에 붙어도
여문 보리 보며 졸라맨 허기
배 속, 바위 같은 응어리
칠 할을 떼어 내고도
밭으로 나가신,
배에 빨래판 같은 뇌두자국
만질 때마다 눈에서 해일이 인다
조이면 끊어지는 새끼줄
이별의 시간,
끊어진 연을 잡고 우는.

인절미

쫀득함이 좋았다
녹으면 두부 같고 굳으면 바윗돌 같았던,
담장 하나를 사이에 두고
두드릴수록 더 찰진 너와 나
돌멩이가 씹혀도 변치 말자던 약속,
함께라서 찰떡이었다
가끔.
전화를 걸었다
그래 친구야
들려오는 목소리
쫀득하다.

거미손

고랑의 줄처럼 아버지는 외줄 인생이었다
묵정밭을 일구는 손에 가시넝쿨이 자랐고
호구가 사막 같아서 등에는 마른 들풀이 무성했다
맥 풀린 악력기 같은 손에 걸려드는
어설픈 먹잇감은 없었다
서산의 한 줄기 빛도 붙들지 못하는 손으로
자는 내 머리를 쓰다듬을 때 나는
아버지 닮은 별똥별을 보았다
실패에 엉킨 실을 푸는 일이
사선을 넘나드는 거미 같다는 것을,
사람 사는 일이 그랬다
아버지가 다녀간 어둠을 분해하기 위해 나는
어둠에 빛을 넣는 일을 했다
빛을 직조하는 동안 매일 매일이 백야,
다이너마이트 심지 같은 용접봉에서
서산으로 진 아버지가 내게
접지되고 있었다.

회전문

돌고 돌아 다시 제자리
자전과 공전으로 해를 짓고 있다
계절이 좀벌레 같아서
갉아 먹힌 세월이 그믐이다
해가 다시 출발선에 서면
선명해지는 나이테 한 줄
회한의 눈물에
동백은 피어나고
삽시간에 왔다 가는
나이 한 살.

친구의 지갑

묵언 수행 중이다
빗장 걸린 문처럼 열리지 않는 입
신분증
명함 한 장
체크 카드 한 장
무념무상이
해탈한 노승 같아서
언제나 계산은 나의 몫
구두끈을
묶었다 풀었다
가부좌 튼 금부처.

요강

한 번도 거부하지 않았다
지리면 지린대로
구리면 구린대로

한 번도 얼굴 찡그리지 않았다
약사여래처럼
자식을 위해서라면
수 없이 드나들었을 고비 사막,

밤새,
삭이며 울분을
털어 내신 어머니.

칡넝쿨

김 대리를 감고

박 과장을 돌아

정 차장 넘어선

김 부장.

시골 버스

굴곡지게 살았습니다
압정 같은 자갈길
진창에 빠진 적 있습니다
전방을 보지 못한 구렁텅이였습니다
헛바퀴 돌기를 수십번
밧줄에 묶여 견인된 후
상향등이 켜졌습니다
털털거리며 나선 길
경적소리 요란합니다.

돌팔매

무심코 던진 말이
화살촉 같다
천냥 빚이 되기도 하고
등불이 되기도 한다

화살에 맞아 본 적 있다
탱자나무 가시 같은 폭언
맑은 하늘에 벼락이 쳤다

순두부 같은 말
너울처럼 번져 가면
야생말 순해지고 있다.

바지랑대

한번도 흔들리지 않았다
태풍을 이겨 낸 저력
세월에 덧살을 입혀
나를 잡아 준 어머니
삶의 무게가 버거울 때
다리에 쥐 나도록
힘주며 버텼던,
된바람에도
허공을 붙잡고 홀로 선.

어머니

외통수였다
해바라기 인생
부처님도 감동한 자비심
기초가 무너지던 중년
밥보다 정비소
팔십 년 달린 인생 자동차
폐차장 가기 전
마지막 경유지
요양병원 간다는 말에
경적 소리 요란한,
가면 끝이라는 생각에
말문을 닫아 버린.

일벌

일자리를 찾는 공복의 아침
자판기 커피로 허기를 달랜다
태양의 길이만큼 늘어나는 비행시간
근력 빠진 몸짓은 더디기만 하다
설 땅은 없고
허기진 날은 많고
선택받지 못한 하루
빈속처럼 아리다.

버려진 침대

독거노인 같다
터진 옆구리에서
귀지 같은 솜뭉치가 삐져 나왔다
사골처럼 우려먹고 버린 나목
가루가 될 것 같아
바람도 쪼그리고 있다
수거 차량이 상여 같아서
해거름 문턱 넘어가는 노을
넘실대며 넘어간다.

암묵

속을 알 수 없다
묵언 중 띄엄띄엄
예
아니요
몰라요
어쩌다 입 열리는 날
아. 빠. 용. 돈. 만. 원. 만. 요
입 무거운 건 아버지나 아들이나
침묵은 똥이었다는 사실
말이 폭설처럼 쏟아지는 날
두둑한 쌈짓돈.

용접

반죽된 물컹한 일상에
하루를 파종하면 별꽃이 핍니다
꽃은 파란색이거나 붉은색
희망과 절망이 교차할 때
피는 꽃은 혼색입니다
똑바로 볼 수 없어
가시광선에 각막을 내어 줍니다
피었다 지고 또다시 피어도
씨방은 열리지 않습니다
목 넘김 좋은 술을 마시고
희망을 충전할 때
별꽃은 가장 빛납니다.

눈사람

사우나에 간다
오늘만 다섯 번째
새참 먹듯 씻어 내는 과오
티끌 하나만 있어도
청소하고 또 하고
손만 스쳐도 기겁을 한다
닳고 닳아
각설탕 같은 피부
살얼음이 되고 있다
단춧구멍 같은 눈으로
한 점 흠결도 허락하지 않는 그녀
결벽증
한창 겨울이다.

에필로그

초등학교 6학년 박종화 작가의 삼국지를 읽었다.
어쩌다 재미를 붙여서 연달아 세 번을 읽었다. 그래서 그런지 지금도 텔레비전에서 삼국지에 관련된 영화나 드라마를 하면 그 내용을 술술 기억해 낸다. 그것이 시를 쓰는 계기가 되었을까?

고등학교 때 애향 문학 공모전에서 시부문 가작상을 받은 게 전부지만 그때부터 시에 소질이 있었는지 모르겠다. 그 시절 신동아나 썬데이 서울 같은 잡지 중간쯤에 나온 펜팔 코너에 올려진 이름으로 손편지를 보내는 경우가 있었다. 난 그 연애편지를 대신 써 주는 역할을 했다. 어디서 그런 감성이 나왔는지 모르겠지만 친구들 부탁을 받고 편지를 써 주면 대부분 답장이 왔다. 오래 가지 못하고 몇 번 편지가 오고 간 후 대부분 소식이 끊겼지만 지금 생각해도 아이러니다.

왜 시를 쓰는가?
내 시는 과연 시다운 시인가? 생각할 때 있다. 수 년째 시 공부를 하지만 역시나 어려운 것이 시라는 것을 느낀다. 시가 뭔지도 모르고 쓸 땐 하루 10편도 쓴 적이 있다. 시를 공부하면서 그 것을 시라고 쓴 내가 부끄러

워 그때 쓴 1,000여 편의 시작 노트는 거들떠보지도 않는다. 부족하지만 가뭄에 농작물 자라듯 시가 자라는 걸 보면서 시가 잘 여물기를 바라지만 늘 빈 쭉정이 같아 한숨만 나온다. 친구들에게 시를 보여주면 시가 어렵다는 답을 듣는다. 그때마다 '독자들이 이해하지 못하는 시가 과연 잘 쓴 시인가?'란 생각이 든다. 남들이 가지 않는 길을 내는 것이 시인의 몫이겠으나 독자를 외면한 시는 좋은 시가 아니라고 본다. 넉두리하듯 눈에 보이는 대로 쓰는 것도 시는 시이겠지만 매력이 없는 시일 것이다. 좋은 시란 독자들이 무릎을 탁 치면서 '맞아 나도 그런 적 있어' 하고 공감해 주는 시, 그런 시가 좋은 시가 아닐까 생각한다. 독자들이 이해하지 못하는 시를 써 놓고 시인 혼자서만 좋아요를 붙이며 감탄한다면 그건 시인에게는 좋은 시이겠지만 독자들은 외면할 것이다.

  시집을 펴서 두어 편 읽다 이해가 되지 않으면 더 이상 읽지 않는다는 사람이 있다. 충분히 이해가 간다. 일반 독자였다면 나도 그랬을 것이다. 아름다운 시어를 선택하고 그것을 이미지로 치환해서 독자에게 전달하고자 하는 메시지가 된다면 좋을 것이다. 온갖 미사여구로 시를 써도 독자들이 이해하지 못한다면 그 시는 죽은 시가 아닐까?

  요즘 집으로 배송된 시집이나 sns에 올려진 시를 보면 이해가 힘든 시들이 많다. 무슨 얘기를 하는지, 무엇을 전달하고자 하는지 도통 알 수 없어 그냥 빗물에 흙탕

물 흘려보내듯 흘려보내기도 한다. 쉽게 이해되는 시가 있는가 하면 몇 번을 곱씹어도 이해할 수 없는 시가 있다. 내 시 역시 누군가는 이해하지 못할 수도 있을 것이다. 이미지가 많다 보니 그 이미지가 무엇을 의미하는지 고민을 해야 이해가 되는 시가 더러 있다. 시를 쓴 나도 어쩔 땐 내가 무엇을 얘기했는지 모르는 경우도 있는데 하물며 독자들은 오죽할까?

 좋은 시를 쓰려고 한다.
 앞에서 좋은 시란 재미가 있고 공감이 가는 시라고 말했다. 재미가 있는 시를 어떻게 써야 할 것인가? 시적 소재를 발견하면 그 소재가 우리의 삶과 관련이 있어야 하고 그 삶을 이미지를 통해 재미나게 표현해 내야 한다.
 장미꽃을 보고 장미를 얘기하면 장미꽃을 설명하는 시가 될 것이다. 장미꽃을 보고 우리 삶에 장미꽃 같은 이미지를 찾아 그것을 시로 표현하고 그 시에서 장미꽃이 연상된다면 성공한 시라고 말할 수 있을 것이다. 장미꽃을 썼는데 조약돌이 연상된다면 그 시는 잘못된 시일 것이다. 그래서 장미꽃을 순이로 보고 순이 얘기를 썼는데 그 시에서 순이가 아니라 장미꽃이 연상된다면 잘 쓴 시라고 본다. 그 시가 재미있는 시어로 표현되고 독자들이 시를 읽으면서 '그래 맞아 그거야'라고 공감한다면 최고의 시라고 생각한다.

멈춘 줄 알았더니 또 시작이다
했던 말 또 하고 했던 말 또 하고
용접봉에 목숨을 걸었다는 그 말은
로드킬 당한 고양이 울음 같다
난간대에서 추락하던 그 날
먹구름이 몰려왔다
가난이 썩은 동아줄
 먹은 국수가 근기가 없었을 터
들고 있는 술잔이 수전증처럼 흔들렸다
눈물을 멈추기 위해 올린 기청제
먹구름이 사라지기를 기다린다
젖은 구름이 흩어지고
술래처럼 드러나는 파란 하늘에
붉은 해가 떠오르고 있다.
  -「장마」 전문

  장맛비는 내리다 멈췄다를 반복하며 길다. 금방 해가 났다가 다시 비가 오기도 하고 맑은 하늘에서 갑자기 비가 내리기도 한다. 그래서 장마다.

  술자리를 하다 보면 꼭 장마 같은 주사를 부리는 사람이 있다. 했던 말 또 하고 했던 말 또 하고 짜증이 나지만 그 자리를 파할 때 까지 그 말을 들어 줘야 할 때 기분은 꼭 장마 같은 기분이 든다. 고등학교 선배 한 분이 있었다. 그 선배가 주사를 부리면 늘 그랬다. 선배는 하늘님과 동기동창이라는 엄포에 자리를 피하지도 못하고 기분이 흠뻑 젖도록 장맛비를 맞아야 했다. 반복되는 말이 함께 일하던 동료가 조선소에서 작업 중 추락해서 먼저 간 얘기였다. 눈물까지 글썽이며 울분을 토해내는 선배의 장맛비는 밤새도록 내렸다.

　나는 용접사다.
　어찌 보면 시와 아주 동떨어진 직업일 수 있다. 용접을 하면서 짬짬이 시를 쓰고 퇴고하고 내 시가 독자에게 감동을 줄 수 있기를 바라면서 몇 년 동안 모은 시로 집을 지었다.
　단춧구멍 같은 눈으로 보는 시적 대상은 늘 부족하고 시적 대상을 찾았다 해도 그것이 시가 되지 않는 경우가 무수히 많다.
　내 첫 시집은 시적 소재가 단칸방처럼 좁다. 아직도 털어 버리지 못한 고정관념, 표현력의 한계가 그대로 드러난다. 좀 더 쉽고, 좀 더 재미있고, 좀 더 공감되는 시, 내가 가야 할 길이다. 더 넓게 보고, 더 깊이 생각하면서 독자와 시인의 마음이 껌딱지처럼 끈적하게 이어져 읽으면 읽을수록 구수한 맛이 난다면 좋겠다.
　독자에게 공감되는 내 이야기, 아직 기법이나 표현력이 부족하지만 활어처럼 살아서 팔딱거리는 시를 써 보고 싶다.
　이 시집엔 직업과 꽃에 관한 시가 많다. 가능하면 내 삶을 접목시키려 노력했다. 나는 꽃을 좋아한다. 꽃의 종류를 가리지 않는다. 이름은 몰라도 꽃을 보면 기분이 좋아져서 내 휴대폰 앨범엔 꽃이 많다. 그래서 꽃에 관한 시도 여러 편 있다.

  용접을 하면서 떠오르는 시상을 읊조리다 잊어버리는 경우도 많지만 기억이 나면 그 시상을 정리하곤 한다.

  첫 번째 시집은 시의 호흡이 짧다. 아직 여물지 못한 시력 때문이리라.

  부족한 시다.

  알맹이도 없고 풋감처럼 떫은 맛이 나지만 더러는 잘 익은 홍시 같은 맛이 나는 시도 있다. 더 습작하고 퇴고하면서 좋은 시를 짓는 일을 게을리하지 않을 것이다.

  부족한 부분을 보충하고 더 많은 시적 소재를 발견하고 시의 기법을 공부해서 독자들에게 재미와 감동, 이해와 공감이 가는 시로 두 번째 시집을 준비하고 싶다.

우리詩 시인선 084
만 번의 그리움 속 터지는 봄

초판 1쇄 발행 2025년 7월 20일
지은이 위인환
발행인 사단법인 우리詩진흥회
펴낸곳 우리詩 도서출판 움
등록번호 2021-000015호
등록일자 2021년 5월 20일
주소 01003 서울시 강북구 삼양로159길 64-9
전화 02)997-4293
이메일 urisi4u@hanmail.net
ISBN 979-11-986887-8-1

값 10,000원

* 잘못된 책은 바꾸어 드립니다.
* 지은이와 협의하여 인지를 생략합니다.
* 이 책의 판권은 지은이와 <우리詩 도서출판 움>에 있습니다